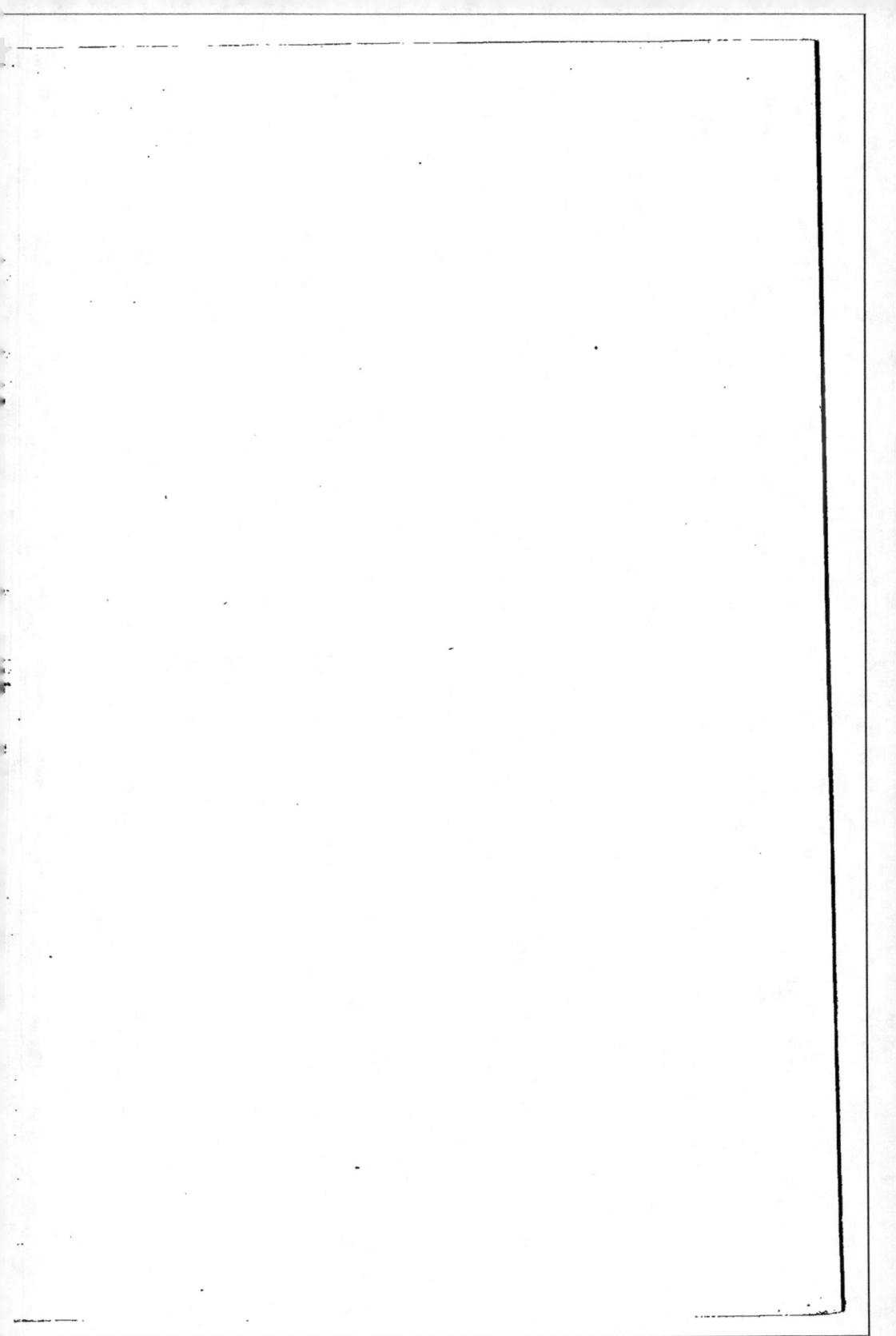

LES DERNIERS JOURS

DU

CARDINAL MATHIEU

ARCHEVÊQUE DE BESANÇON

précédés d'une

NOTICE SUR SA VIE

Par Ch. CONDAMINAS

BESANÇON

LANQUETIN-TURBERGUE, LIBRAIRE-ÉDITEUR

rue Saint-Vincent, 33-35

—

1876

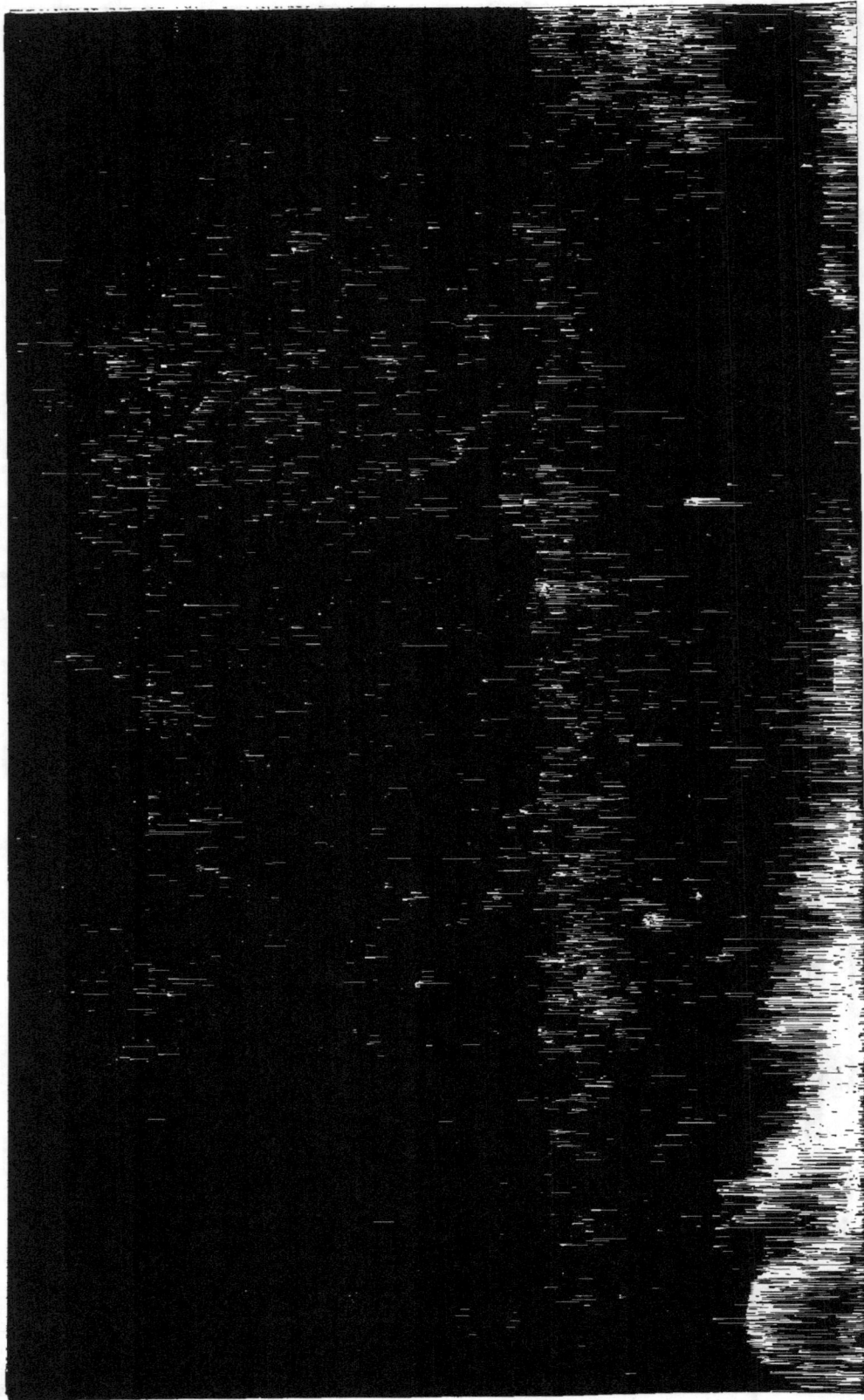

LES DERNIERS JOURS

DU

CARDINAL MATHIEU

ARCHEVÊQUE DE BESANÇON

précédés d'une

NOTICE SUR SA VIE

Par Ch. CONDAMINAS

——————————— ••◦•◦•• ———————————

BESANÇON

LANQUETIN-TURBERGUE, LIBRAIRE-ÉDITEUR

rue Saint-Vincent, 33-35

—

1876

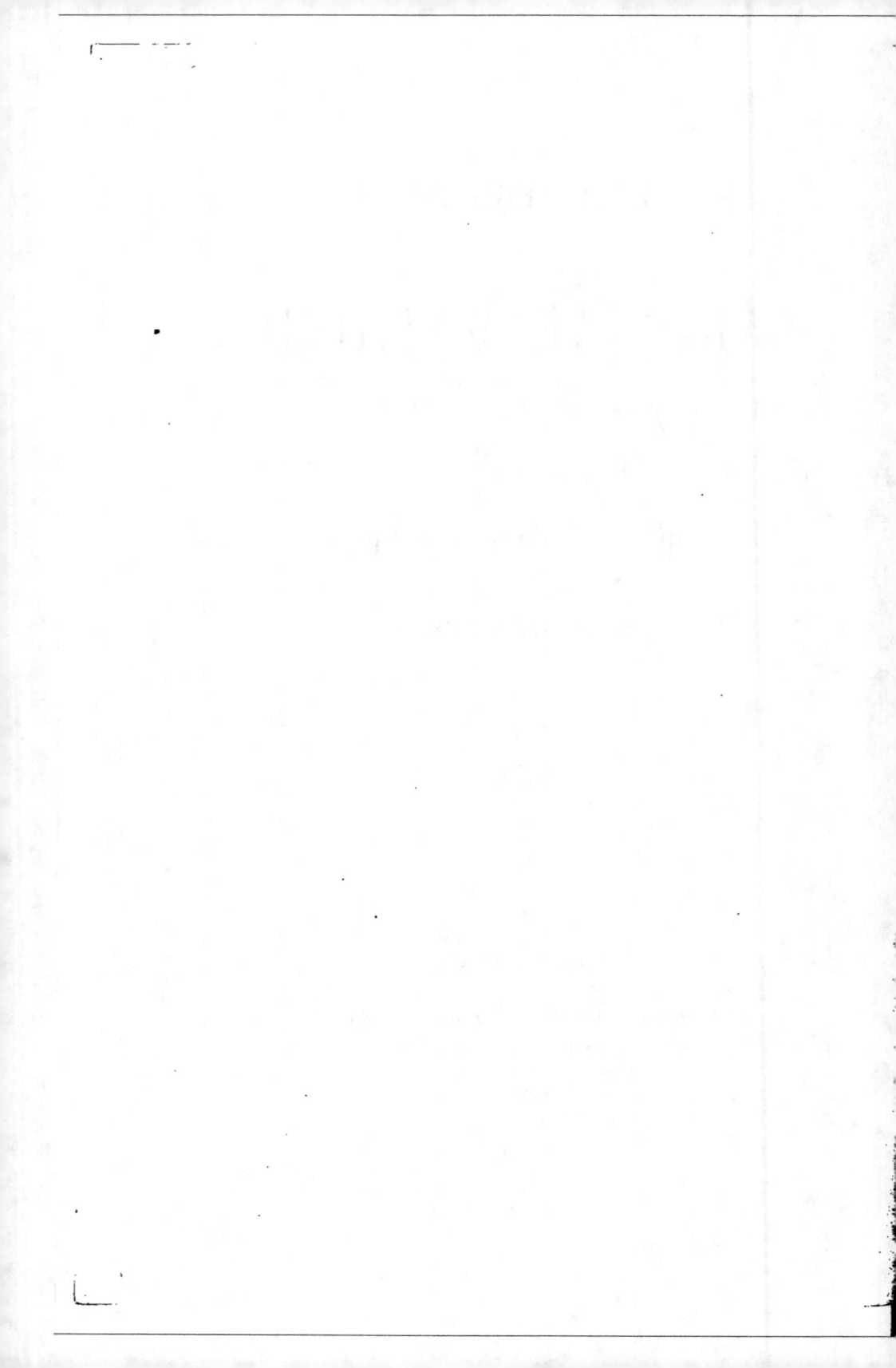

Une année s'est écoulée depuis la mort du cardinal Mathieu. Pendant que l'Eglise renouvelle solennellement ses prières sur sa tombe, j'ai pensé qu'il était opportun de renouveler dans les esprits la mémoire de ses derniers moments. Ceux qui l'ont connu davantage et qui le poursuivent de leurs plus fidèles regrets, me sauront peut-être gré d'avoir replacé sous leurs yeux un tableau qui n'aura d'autre mérite que la fidélité des détails, mais qui servira à fixer de chers souvenirs.

Si de pareils spectacles nous frappent de tristesse, ils nous offrent aussi de grands sujets de consolation et de puissants encouragements. Ils font apparaître, mieux que tout le reste, la fermeté d'âme que le vrai chrétien emprunte à la pensée habituelle des choses divines. Ils réalisent devant nous l'application de cette parole de l'Ecriture au sujet de l'un des grands prophètes : — « Il vit

« dans la grandeur de l'esprit les choses dernières
« et il consola ceux qu'elles faisaient pleurer (1). »

Sans doute un écrivain digne du sujet nous
donnera un jour la biographie du Prélat dont la
place est marquée dans notre histoire religieuse.
En attendant que cette œuvre s'accomplisse, il
est bon que les plus modestes ouvriers appor-
tent leur pierre à l'édifice. C'est là encore une des
pensées qui ont inspiré cet écrit.

Une introduction était nécessaire ; j'ai donc placé
avant le récit de la mort une courte notice qui résume les principaux traits de la vie du Cardinal,
loué en termes si éloquents par Mgr Besson, évêque
de Nîmes (2), et par le nouvel archevêque de
Besançon, Mgr Paulinier (3).

(1) *Spiritu magno vidit ultima, et consolatus est lugentes* (Ec-
cli., XLVIII, 27).
(2) Oraison funèbre du 15 juillet 1875.
(3) Discours d'intronisation du 25 octobre 1875.

NOTICE

SUR

LA VIE DE MONSEIGNEUR MATHIEU

En 1756, Jean-François Montalan épousait, à Vienne en Dauphiné, Marguerite Gastaldi. Le mari était domicilié à Lyon, et qualifié dans les actes de « marchand fabricant d'étoffes d'or, « d'argent et de soie; admis comme tel aux Maîtrises de la « ville. » L'épouse avait pour père François Gastaldi, receveur des péages de S. A. le prince de Monaco; elle compta plus tard parmi ses proches parents, un prélat, le cardinal Gastaldi, ami et confident de Pie VI.

Vingt-cinq enfants furent le fruit de cette union bénie du ciel. Beaucoup moururent en bas âge; onze fournirent une longue carrière. L'une des filles, Etiennette-Hugone, fut mariée en 1787 à Antoine Mathieu, qui devint le père du cardinal de Besançon.

Antoine Mathieu était natif de Marseille, mais sa famille était établie à Gênes et à Livourne, où elle avait acquis dans le commerce la fortune et la considération. Attiré à Lyon par la célébrité de la cité industrielle et par le désir d'étendre ses relations et ses connaissances, il fut mis en rapport avec la maison Montalan. Son intelligence des affaires, son instruction variée, qui comprenait les langues vivantes, les qualités de son caractère, le firent hautement apprécier de ceux qui la dirigeaient. Il fut appelé à seconder M. Montalan dans son négoce, devint ensuite son associé en titre, et enfin entra dans sa famille par le mariage.

L'association d'intérêts entre le beau-père et le gendre atteignit en peu d'années un degré de prospérité merveilleux. Lorsque la des subtilités de la procédure le détermina à y renoncer pour jamais.

Sa famille accueillit cette résolution avec les sentiments que l'on pouvait attendre de cœurs aussi chrétiens. Mais Mme Mathieu disait plaisamment que la vocation de ses fils avait été pour elle une source de surprises et qu'elle aurait bien plutôt donné la soutane à Aimé, qui avait des allures plus paisibles, et l'uniforme militaire à Adrien, d'un naturel vif et turbulent.

En 1818, Adrien entra au Séminaire d'Issy. Quelque temps après il faisait sa théologie à Saint-Sulpice. On y conserve encore le souvenir de ses brillantes dissertations, de sa facilité au travail et de son attachement à la Règle. Pendant les vacances de 1821, nous le voyons au château de la Roche-Guyon, près de Mantes, dans la famille de Rohan ; il se fait le répétiteur de l'abbé de Rohan, son condisciple à Saint-Sulpice, qui doit un jour le précéder sur le siége archiépiscopal de Besançon.

Ordonné prêtre en 1822, ses supérieurs ne craignirent pas de mettre immédiatement son mérite à l'épreuve de fonctions qui d'ordinaire sont réservées à l'expérience consacrée par les années. Mgr du Chatelier, évêque d'Evreux, leur avait demandé un prêtre capable de le seconder activement dans la réorganisation de son Séminaire. L'abbé Mathieu fut désigné ; pour ses débuts dans le Sacerdoce, il devint supérieur du Séminaire d'Evreux et reçut le titre de vicaire général.

L'évêque lui accorda la confiance la plus amicale. Il prenait son avis sur toutes les questions de quelque importance. Ils travaillèrent ensemble à repeupler les rangs du clergé, où bien des vides se faisaient regretter. En 1824, l'abbé Mathieu contribua de ses deniers à la fondation d'un petit séminaire à Pont-Audemer. En même temps il s'exerçait à la direction spirituelle des âmes, où il fit toujours admirer son jugement sûr et droit non moins que sa piété.

En 1828, il était encore à Evreux, où le duc de Rohan, préconisé pour l'archevêché d'Auch, sollicitait ses prières au moment de recevoir le fardeau de l'épiscopat. « Jamais, lui écrivait-il, les « sentiments d'attachement et de vénération que je vous ai voués « depuis que je vous connais, n'ont varié un seul instant, et je « les sens inaltérables. »

Mais le diocèse de Paris rappela bientôt M. Mathieu. Mgr de
Quélen alors archevêque, le connaissait et l'avait distingué. Il le
fit rentrer dans son clergé et le nomma curé de la paroisse importante de la Madeleine, qui n'avait encore qu'une église provisoire
à l'Assomption. Il lui conféra de plus les titres de chanoine, de
vicaire général, de promoteur de l'officialité diocésaine.

Là encore se formèrent entre le prélat et son collaborateur les
liens d'une étroite amitié basée sur l'estime et le dévouement.
Associé aux travaux apostoliques de Mgr de Quélen, l'abbé
Mathieu fut aussi le compagnon de ses épreuves. Il l'assista dans
les périls et les angoisses que suscita pour lui la révolution de
1830; il resta près de lui intrépidement lorsque sa vie fut menacée au moment du pillage de l'Archevêché. Il le suivit avec l'abbé
Desjardins dans le refuge qu'il dut chercher au couvent des
Dames Saint-Michel, rue d'Enfer, où tous trois restèrent cachés
longtemps.

Lorsque d'autres événements les séparèrent, Mgr de Quélen
donna à son ancien vicaire général un témoignage expressif de
sa reconnaissante affection. Il lui fit don d'une statuette en bronze
représentant un sujet de piété, et au bas de laquelle il avait fait
graver les mots : *Amico fideli, fratri carissimo, fortissimo com-
militoni.*

En effet, l'heure était venue où le mérite désormais éprouvé
de l'abbé Mathieu allait l'élever aux premières dignités de
l'Eglise. Au mois d'août 1832, M. l'abbé Dupanloup le prévenait
qu'il était question de lui pour l'évêché de Versailles. Mais ce
projet n'aboutit pas. Ce fut le diocèse de Langres qui reçut les
prémices de son épiscopat. Il en fut nommé évêque le 20 septembre 1832, fut sacré à Paris le 10 février 1833 et fit son entrée à
Langres au mois de mars suivant. Il n'avait que trente-sept
ans.

Son séjour y fut de courte durée, puisqu'avant la fin de 1834,
il était déjà à la tête d'un autre diocèse. Mais son souvenir est
resté profondément empreint dans la mémoire du clergé et de la
population. La grâce de sa personne, son élocution facile et
pleine d'à propos, sa pénétration, son discernement dans l'art de
choisir et d'employer les hommes, la vivacité de son esprit et de
ses mouvements, enfin sa foi sensible, pleine d'une ardeur com-

2

municative, toutes ces qualités avaient exercé autour de lui une sorte de séduction.

Les liens ne furent jamais rompus entre le pasteur et l'église qu'il a appelée dans son testament « sa première épouse, » en lui léguant la chapelle de son sacre. Il revenait volontiers dans le diocèse, attiré par des motifs de dévotion ou par des invitations qu'il aimait à accueillir. Pour ne rappeler que les dernières années, on le vit, en 1865, à Nogent, pour la consécration de la nouvelle église ; en 1866, à Chaumont, à l'occasion des fêtes du Grand-Pardon ; en 1856 et en 1875, à Langres, d'abord pour placer à la cathédrale, ensuite pour orner de riches couronnes la statue en or offerte par lui et destinée à renfermer la relique de saint Mammès. Cette dernière visite avait lieu au mois d'avril 1875 ; elle ne précéda sa mort que de trois mois, comme si par un secret pressentiment il était venu à la veille de la séparation suprême, faire ses adieux à ceux qui lui avaient conservé la plus fidèle affection.

Mais c'est à Besançon que sa carrière devait grandir et recevoir son couronnement final. Il prit possession de ce siége, comme archevêque, le 25 novembre 1834. Ici les faits se pressent en se rapprochant de nous. Une notice ne peut que se borner à des indications générales.

Ce que Mgr Mathieu avait pu à peine ébaucher à Langres, il lui fut donné de le poursuivre librement à Besançon, où il trouva, suivant l'expression de Mgr Besson, le génie de tout entreprendre et le temps de tout accomplir. Ne rien négliger dans les œuvres de sa charge pastorale et accomplir en dehors même de son ministère tout le bien dont l'occasion et les moyens s'offriraient à lui, tel fut le but auquel il appliqua sans relâche son intelligence élevée, sa facilité de travail et sa rare aptitude aux affaires. Son activité bien dirigée et soutenue sans interruption, grâce à la vigueur de son tempérament, lui permettait de suffire à tout, bien que chacune de ses journées embrassât le cercle le plus étendu d'occupations et de devoirs. Aussi après un espace de plus de quarante ans consacré à une administration si exacte et si laborieuse, on peut dire qu'il n'existait dans son diocèse ni un prêtre qu'il n'eût formé de ses mains, ni une œuvre qu'il n'eût soutenue de son action personnelle, et je dirai volontiers, ni une famille qui ne lui conservât un souvenir reconnaissant pour un service rendu ou pour une marque de bonté.

Il aimait à agir par lui-même. Il obtenait de ses vicaires généraux, de ses secrétaires, une précieuse collaboration ; mais il ne se déchargea jamais sur eux des soins d'une direction qui ne laissait rien en souffrance. Il passait la plus grande partie de la journée dans son cabinet de travail, occupé à écrire, à dicter, à expédier sa correspondance officielle et sa correspondance privée, non moins considérable que l'autre, à cause des nombreuses relations qu'il entretenait de toutes parts pour satisfaire aux exigences de sa situation et aux besoins de sa charité. On sait quelle était sa ponctualité dans ses communications épistolaires et comment dans la brièveté imposée par les circonstances, il savait placer le mot juste et l'expression aimable.

Cependant il trouvait toujours le temps de donner des audiences, et il se montrait accessible à tous, prêtres ou laïques, riches ou indigents. Les plus inconnus se procuraient des titres de recommandation près de lui, sûrs d'être écoutés quand même l'objet de leur demande n'était pas réalisable. Il est bien rare que Mgr Mathieu ait répondu de prime abord par un refus à ceux qui sollicitaient son intervention pour les affaires les plus diverses.

Non content de donner son temps et son influence, il répandait libéralement son argent. L'extrême simplicité qu'il observait dans sa mise et dans son train de maison lui ménageait des ressources plus abondantes pour les profusions de sa charité et de sa dévotion. L'indemnité attachée au titre de sénateur lui donna, sous l'empire, une facilité particulière pour suivre ses généreuses inclinations. La suppression de cette dotation pesa plus tard lourdement sur un budget où il ne voulut pas diminuer la part des pauvres et de l'Eglise.

Il s'efforçait de secourir les misères cachées comme celles qui se montraient au grand jour ; il avait en quelque sorte les pensionnaires de sa liste civile, auxquels il servait exactement leurs arrérages. Quand il se présentait une œuvre nouvelle à fonder dans son diocèse, il ne craignait jamais de s'engager personnellement et il soutenait l'entreprise avec une énergie et une persévérance qui le plus souvent en assuraient le succès.

Des libéralités d'un autre genre lui étaient inspirées par l'élévation particulière de ses sentiments ou par la vivacité de sa foi. Tantôt il voulait s'acquitter envers le Ciel par de riches offrandes, des vœux solennels qu'il avait formés pour le salut de sa famille ou pour le bien de son diocèse. Tantôt son but était de conserver par un don pieux la trace d'un événement remarquable de sa vie. D'autres fois c'était la religion des souvenirs qui le portait à honorer par de pompeuses cérémonies les hommes que leurs vertus et leurs dignités avaient illustrés dans la province.

C'est ainsi qu'il donna au chapitre métropolitain en 1852, à l'occasion de son entrée au Sénat, une statue de la sainte Vierge qui est un chef-d'œuvre d'orfèvrerie; qu'il contribua pour une large part à placer une statue semblable dans l'église de Gray, comme souvenir de la préservation du choléra de 1849; qu'à la fin de 1874, il porta une autre Vierge du plus grand prix dans l'église de Belfort, nouvellement rattachée à son diocèse. A l'archevêché, il donna de riches reliquaires pour le bras de saint Etienne, pour les saints Ferréol et Ferjeux, pour sainte Elisabeth de Hongrie; des ornements sacerdotaux et des vases sacrés, puis une foule d'objets précieux qu'il avait reçus en héritage des évêques ses amis ou qu'il avait acquis par vénération pour leur mémoire. Il fit réunir dans un tombeau glorieux, sous une chapelle de la cathédrale, les ossements des comtes de Bourgogne; il replaça dans la sépulture des archevêques les restes de Mgr de Durfort, l'un de ses prédécesseurs, mort en Suisse pendant la Révolution. Il se fit une joie de retrouver et de remettre en honneur quelques bijoux qui avaient été à l'usage personnel de ce prélat.

Que ne faisait-il pas pour les édifices religieux? Les efforts, les démarches, les sacrifices personnels joints aux secours qu'il savait obtenir de l'Etat, il ne négligeait rien pour atteindre à cet égard aussi le but désiré. L'énumération des églises, des presbytères, des monastères, des séminaires et des maisons d'éducation qui lui doivent leur existence ou leur amélioration, dépasserait de beaucoup les bornes de cet écrit. Rappelons seulement la création d'églises et d'écoles catholiques dans quatre cantons où les mêmes édifices servaient encore au culte protestant comme à la religion catholique; la construction de la vaste église de Montbéliard, entreprise aussi pour rendre à notre foi en face des œuvres

schismatiques, le rang qui lui appartenait ; la restauration artis-
tique de la cathédrale Saint-Jean, celle de l'église Saint-Etienne
à la citadelle de Besançon ; la décoration des galeries et du vestibule de l'archevêché, la réunion des portraits des archevêques,
formant un musée d'une valeur unique ; la fondation du collége
catholique et de son élégante chapelle ; l'agrandissement du séminaire de Besançon, etc. Voilà seulement quelques traits, choi-
sis entre mille, de son activité généreuse et féconde.

L'éducation religieuse attirait ses soins particuliers. Il profita
des facilités données par la loi de 1850 pour ouvrir le collége
Saint-François-Xavier dont nous venons de parler et qui lui
demanda de grands efforts et de lourds sacrifices. Administrée
d'abord avec un plein succès par M. l'abbé Besson qui lui donna
sa juste renommée, et par d'autres prêtres séculiers, cette maison
est aujourd'hui sous la direction des PP. Eudistes, qui ont conti-
nué dignement l'œuvre de leurs devanciers. Le Cardinal y faisait
de fréquentes visites et, chaque année, en présidant la distribution
des prix, il prononçait un discours latin, témoignage de l'heu-
reuse facilité de son esprit et de son attachement aux pures traditions littéraires.

Il établit dans l'intérieur même de l'Archevêché la Maîtrise des
enfants de chœur de la cathédrale, qu'il soutenait en partie de ses
deniers. La bonne tenue des élèves, la manière dont ils savaient
exécuter les chants religieux, donnaient aux cérémonies une ma-
jesté particulière. L'archevêque soutenait leur zèle par son exacti-
tude à assister lui-même aux offices ; son assiduité à occuper son
siège, dans le chœur, ne se démentit jamais, au milieu des occupations dont il était surchargé. Il voulait ainsi animer les fidèles
par son exemple, et toutes les fois que l'occasion s'en présentait,
il joignait la parole à l'action en prononçant une de ces allocutions
brèves mais pleines d'une autorité pénétrante, qui étaient comme
le langage du chef de famille au milieu des siens.

Dans l'administration de son clergé, il sut allier la bienveil-
lance à une sage fermeté. Il ne revenait pas volontiers sur une
décision prise, mais il ne la prononçait qu'à la suite de soigneuses
informations. S'il évitait les conflits inutiles, il trouvait dans sa
conscience la force de dédaigner les mécontentements ou les sour-
des hostilités dont il est impossible de se préserver quand on porte

la charge de l'autorité parmi les hommes. Il s'en est formé contre lui ; il y a répondu par des marques particulières de sa bonté. Les préventions que l'on a essayé de soulever contre lui à certaines époques sont restées sans écho, et à mesure que ses sentiments seront mieux connus, elles tomberont dans un oubli plus complet.

D'ailleurs, nul ne sut mieux que lui défendre énergiquement près de l'autorité civile un ecclésiastique injustement attaqué ou une œuvre religieuse menacée. Ses hautes relations, l'estime accordée à son caractère, sa réputation de sagesse et de vertu, l'aidaient à résoudre pacifiquement les difficultés. Les révolutions dans le gouvernement ne semblaient pas ébranler son influence, tant elle reposait sur des titres solides ! Sous Louis-Philippe, il avait été quelque temps directeur spirituel de la reine Marie-Amélie et la nouvelle famille royale lui conserva une confiance affectueuse sans lui demander en politique le sacrifice de ses premiers attachements.

Après la chute de la Maison d'Orléans, tous les gouvernements dévoués à l'ordre surent de même estimer et apprécier un prélat si sage dans le conseil et si dévoué aux intérêts du pays comme à ceux de l'Eglise. Il ne faut donc pas s'étonner si on put dire de lui à une certaine époque, qu'il avait en main la feuille des bénéfices épiscopaux et que les nominations dans le haut clergé se faisaient sous son influence. En effet, le diocèse de Besançon donnait à un grand nombre de sièges en France des évêques dont le choix se justifiait d'ailleurs par un mérite éclatant. Il envoyait Mgr Gousset à Périgueux, Mgr Doney à Montauban, Mgr Caverot à Saint-Dié, Mgr Guerrin à Langres, Mgr Mabile à Saint-Claude ; Chartres et Grenoble lui devaient aussi les prélats appelés à les administrer dans l'ordre spirituel.

Pendant que l'archevêque de Besançon s'appliquait à mettre en lumière les titres et les qualités des ecclésiastiques formés sous ses yeux, les actes de son épiscopat le désignaient lui-même aux dignités les plus élevées dans l'Eglise.

Dans le Consistoire du 30 septembre 1850, il fut créé par Pie IX cardinal de l'ordre des prêtres, au titre de Saint-Silvestre *in capite*. Il alla à Paris recevoir la barrette en même temps que Mgr Gousset devenu alors archevêque de Reims.

En devenant cardinal il se trouvait appelé à devenir quelques mois plus tard membre du Sénat, c'est-à-dire à entrer dans la vie politique.

Cette situation lui créait de nouveaux devoirs : il s'appliqua à les remplir avec son zèle accoutumé, unissant ses efforts à ceux des autres sénateurs ecclésiastiques et en particulier du cardinal Donnet et du cardinal de Bonnechose pour défendre en toute occasion la cause du bien, la liberté de l'Eglise, le pouvoir temporel du Saint-Siége. Ses discours offraient, avec la vigueur d'une conviction profonde, la lucidité et la précision d'un esprit méthodique et judicieux. Ses collègues appréciaient la sûreté de son jugement non moins que l'aménité de ses relations.

Rien ne lui coûtait pour satisfaire aux obligations que sa conscience lui faisait apercevoir dans les circonstances où il était placé. Pendant l'été de 1865, il se trouvait à Annecy pour présider les fêtes du centenaire de la canonisation de saint François de Sales. Apprenant qu'une grave discussion va s'ouvrir au Sénat à l'occasion de la trop fameuse convention du 14 septembre 1864 avec le Piémont, il se rend aussitôt à Paris en voyageant toute la nuit, prononce devant la haute assemblée un discours en faveur des droits du Saint-Siège, remonte en chemin de fer le soir même, et rentre à Annecy le lendemain, à deux heures du soir, ayant eu soin de rester à jeun pour pouvoir célébrer la messe, et ayant fait plus de 300 lieues dans l'intervalle de 48 heures.

Quelquefois il prenait la parole sur les sujets les plus étrangers à ses études ordinaires et l'on s'étonnait qu'il sût les traiter avec la compétence d'un esprit spécial. En 1864, il fit au Sénat une dissertation sur les matières forestières en appuyant la pétition de la commune d'Echenoz-la-Méline (Haute-Saône) qui demandait l'autorisation de vendre des bois pour reconstruire son église. En 1861, il avait pris sous son patronage les intérêts d'une catégorie d'officiers retraités qui réclamaient le bénéfice de la nouvelle loi sur les pensions militaires, et pour établir les conclusions de son discours sur des bases irréfutables, il se livra à un travail de statistique hérissé de difficultés, ayant pour objet de déterminer la loi mathématique de l'extinction des pensions par les probabilités de mort. Il obtint gain de cause pour ses protégés, qui se montrèrent pénétrés de reconnaissance.

Son titre de cardinal fut pour lui un motif de redoubler de témoignages d'attachement et de soumission envers le Souverain-Pontife. Il faisait de fréquents voyages à Rome pour lui exposer l'état de son administration. Le voyage de 1867 eut un but particulier, c'était, de rendre compte d'une mission importante que le Saint-Siége lui avait confiée en le chargeant de visiter les maisons religieuses dépendant de l'Institut des Frères de Marie. Il ne manqua à aucune des grandes solennités pour lesquelles Pie IX convoqua les évêques autour de lui : la proclamation du dogme de l'Immaculée-Conception, la canonisation des martyrs du Japon, la célébration du 18e centenaire du martyre de saint Pierre. En 1865, après la promulgation du *Syllabus*, il monta dans la chaire de son église métropolitaine et proclama lui-même le décret de l'autorité pontificale. Pour ce fait il fut déféré au Conseil d'Etat et frappé d'une déclaration d'abus avec Mgr de Dreux-Brézé, évêque de Moulins. On refusa de recevoir les observations écrites qu'il avait demandé à produire devant le Conseil.

Ce n'était pas lui qui se trouvait flétri par une telle mesure, et on pense bien qu'elle n'ébranla pas son courage Mais elle lui fournit l'occasion de juger de la pusillanimité de certains caractères. Voici, en effet, ce qu'il écrivait en revenant de Paris en 1865, après avoir siégé au Sénat pour la première fois depuis la déclaration d'abus :

« Vous auriez ri si vous aviez vu comment, en général, mes
« bons collègues m'évitaient à la première séance où j'ai paru :
« on aurait dit que j'étais un pestiféré. C'est à peine si ceux qui
« autrefois me donnaient des poignées de mains me tendaient
« le petit doigt : *sed in his omnibus superamus propter eum*
« *qui dilexit nos.* »

Non content de proclamer en chaire ou de défendre à la tribune l'autorité du Pape, il trouva le temps de composer de savants écrits en sa faveur. Il justifia le pouvoir temporel au point de vue du droit dans ses *Observations sur l'ouvrage de M. le Président Bonjean;* il en montra la bienfaisante influence dans son livre *du Pouvoir temporel jugé par l'histoire.* Qui contribua plus que lui à recruter au Pape avec des soutiens pour ses droits, des soldats pour son armée? Car, à cette époque, le Souverain dépossédé de la plus grande partie de ses états, avait du moins conservé la faculté de défendre par lui-même le peu qui lui restait.

Le cardinal Mathieu seconda de tous ses efforts le colonel d'Argy dans la formation de la Légion romaine en 1864 et 1865. Il stimula les dévouements, il multiplia les sacrifices personnels; il alla jusqu'à fréter de ses deniers un bâtiment pour le transport des hommes et des munitions en Italie.

En présence de pareils faits, on s'étonne que son attachement et sa soumission cordiale envers le Saint-Siége aient pu être mis en suspicion. Toute sa vie, comme on le voit, proteste contre cette malveillante insinuation, et à l'approche de la mort, il confirma l'expression de ces sentiments d'une manière éclatante dans son testament et dans les paroles qu'il a prononcées en recevant les derniers sacrements. Au Concile de 1870, il a agi comme toujours, suivant les inspirations d'une conscience que rien ne pouvait ébranler. Après avoir donné son avis comme membre d'un tribunal, il s'est incliné avec une docilité parfaite devant l'autorité de ce tribunal, la décision une fois rendue.

Dans la question liturgique, il suivit la même ligne de conduite. Il était profondément attaché aux traditions locales qui lui semblaient une manifestation de l'esprit de famille dans les pratiques de la foi ; il pensait aussi que la variété et la richesse des formules de la prière ne sont pas un aliment inutile à la piété. Il renonça à son sentiment pour se conformer au désir manifesté par le Souverain-Pontife et pour procurer à son diocèse les avantages de l'unité qui devaient dominer tout le reste.

Il exposa à son clergé en 1864 ses vues et ses résolutions à ce sujet dans une épitre en latin qui est un véritable traité historique et didactique sur la matière. Et de même qu'il avait présidé en 1848 à la publication de livres d'office qui sont des modèles du genre par la correction des textes et l'abondance des instructions, il en fit publier une nouvelle série en 1872 et 1873 pour introduire la liturgie romaine dans son diocèse. Il y apporta le même soin ; il en soumit le projet à la Cour de Rome dont il obtint la conservation d'un grand nombre de fêtes et de chants religieux qui étaient chers à la population.

Les événements de 1870-1871 l'affligèrent profondément. Depuis longtemps il prévoyait que la politique suivie par le gouverne-

ment impérial nous conduirait aux abîmes; il se tenait prêt à tout, même à affronter l'émeute si l'émeute s'était présentée au palais archiépiscopal comme en 1848, pour en chasser l'Archevêque. Cette fois il n'eut pas à déplorer de pareils excès de la part d'une multitude égarée, mais il vit le pays en proie à l'anarchie, son indépendance nationale menacée, sa gloire militaire compromise, et la guerre déchaînant ses fléaux sur la moitié de la France. Il plaça solennellement son diocèse sous la protection du Sacré-Cœur pour le préserver de l'invasion, et si ses vœux pour son troupeau bien-aimé ne furent pas exaucés, il obtint du moins la consolation de ne pas voir l'ennemi dans les murs de la vieille cité bisontine. A la vérité, il eut sous les yeux le spectacle de la désastreuse retraite de l'armée de Bourbaki au mois de février 1871, alors que nos soldats tombaient dans les rues, épuisés par la faim, le froid et la lassitude.

Le Cardinal se multiplia pour soulager tant de nobles misères, visitant les hôpitaux, créant des ambulances dans tous les établissements qui dépendaient de son autorité et dans son propre palais; prodiguant les consolations spirituelles et les dons matériels. A ses soins vigilants pour organiser les secours et pour exciter les dévouements par son exemple et par sa parole, combien de militaires durent, soit des ressources dans leur détresse, soit des communications obtenues avec leur famille, soit la guérison de leurs blessures, soit le bienfait d'une mort pleine de résignation et d'espérances chrétiennes! Pour s'en convaincre, il suffirait d'interroger ceux qui l'ont vu à l'œuvre et ceux qui lui ont adressé de toutes parts l'expression de leur gratitude personnelle.

Cependant au sentiment des malheurs publics, très vif dans une âme éminemment française, se joignaient les chagrins domestiques. Le Cardinal avait perdu, en 1864, sa sœur Méline, devenue, depuis la mort de sa mère, l'unique et inséparable compagne de sa vie; il ressentait toujours l'absence d'une si précieuse intimité. En 1870, il reçut à Paris les derniers soupirs de son frère le contre-amiral Mathieu, qui le secondait dans toutes ses entreprises charitables avec une activité toujours juvénile, et qui venait souvent embellir sa solitude des charmes de son esprit. Deux ans après il avait à pleurer la perte d'un petit-neveu, enfant de dix ans, très-heureusement doué, sur lequel reposaient ses plus chères espérances.

Sa santé, quoique robuste, mais toujours traitée sans ménagement, ne pouvait se dérober au contre-coup de ces grandes émotions. Du reste, aucun changement ne se faisait remarquer dans ses habitudes; aussi grande était son assiduité au travail, aussi vif son empressement à entreprendre de lointains voyages pour apporter son concours personnel à la négociation des affaires de son diocèse ou aux grandes cérémonies religieuses. De 1871 à 1874, il se rendait plusieurs fois à Paris; il présidait à Chambéry les obsèques du cardinal Billict; à Aix, celles de l'archevêque, Mgr Chalandon; à Vézelise, dans le diocèse de Nancy, le couronnement de N. D. de Sion; il allait enfin, comme nous l'avons dit, à Belfort et à Langres, pour consacrer par ses pieuses largesses, là, l'inauguration de son nouveau domaine spirituel; ici, la perpétuité de ses anciennes affections.

De dangereux accidents lui survinrent. La vivacité de ses mouvements mal secondée par une obésité croissante, occasionna des chutes dont les conséquences compromirent cette fois trop sérieusement sa santé.

Le 25 novembre 1874, une surprise lui fut ménagée par l'effet d'un complot amical dont le secret fut fidèlement gardé. On organisa une fête à laquelle la ville entière participa, pour célébrer le quarantième anniversaire de son intronisation sur le siége métropolitain. Ce jour marquait en effet une époque mémorable dans sa vie. Il touchait à sa quatre-vingtième année, il comptait en tout quarante-deux ans d'épiscopat, cinquante-trois ans de sacerdoce; il portait la pourpre romaine depuis vingt-quatre ans. La carrière avait été longue et glorieuse; on pouvait espérer qu'elle s'étendrait encore, et les élèves de la Maîtrise lui disaient dans une cantate composée pour la circonstance :

> Puisse le ciel longtemps encore
> Au peuple qui par vous l'implore
> Donner par vos mains son secours;
> Et que le Maître de la vie,
> Sensible à la voix qui le prie,
> Ajoute des jours à vos jours!

Mgr Mathieu fut très touché des pensées affectueuses dont cette fête était la manifestation. Il s'exprimait ainsi dans une lettre à l'un de ceux qui y avaient contribué :

« J'ai mille actions de grâces à vous rendre de votre aimable et cordial souvenir.... seulement, je vois que vous faisiez partie de l'émeute qui s'est dressée contre moi. Elle a été déterminée par M. Besson et favorisée par tous les autres, de sorte qu'il a fallu me rendre.

« Le tout s'est passé avec tranquillité et édification, et je ne puis que bénir le bon Dieu. »

Mais la solennité si heureusement accomplie devait être la dernière dont il serait le héros ici-bas. Le vœu poétique des enfants de la Maîtrise n'était pas destiné à se réaliser. La mesure des jours était pleine et la récompense se préparait pour le bon et fidèle serviteur de Dieu.

Il avait toujours vécu dans la foi et dans l'action, *fide et labore*. Nous allons voir comment il sut mourir.

LES DERNIERS JOURS

DU

CARDINAL MATHIEU

———✦———

I.

**Séjour du Cardinal aux bains de Luxeuil. — Sa maladie
se déclare.**

Au mois d'août 1874, le cardinal Mathieu se trouvant
au Séminaire de Vesoul à l'occasion des examens de
fin d'année, avait fait une chute qui entraîna la luxa-
tion de l'épaule droite. Quoiqu'il se fût remis assez
promptement des suites de cet accident, le bras conserva de la gêne dans les mouvements. D'autre part,
il avait depuis longtemps au genou une douleur qui
rendait la marche souvent pénible. Il supportait im-
patiemment ces entraves apportées à sa pieuse activité :
il n'avait pu les faire cesser, bien que son énergie trou-
vât au besoin le moyen d'en triompher. C'est ainsi qu'à
la procession de la Fête-Dieu, il se fit assister par des
élèves de la Maîtrise de la cathédrale qui lui soutenaient

les bras à tour de rôle, pendant qu'il portait le Saint-Sacrement.

Pour obtenir, s'il était possible, une guérison complète, il se décida, de l'avis de ses médecins, à prendre les eaux de Luxeuil. Il s'y rendit le 3 juin 1875. On lui donna des douches d'abord simples, qui furent un peu après, complétées par des bains. Les commencements de ce traitement semblèrent d'un heureux effet. Le Prélat écrivait le 12 juin :

« Voici neuf jours que je suis à Luxeuil et que je prends mes bains, *douché* par le docteur inspecteur Delacroix, qui y met la plus grande complaisance. Je supporte très-bien les eaux. C'est la douche très-copieuse qui finit par former mon bain. Je sens un certain mieux, et plus de forces ; mais ce n'est pas encore du définitif. »

Malheureusement, l'usage des eaux, pour avoir une véritable efficacité, surtout dans un âge avancé, aurait dû être accompagné d'un régime de vie prudent, paisible, exempt de travail et de fatigue. Le Cardinal était incapable de s'y soumettre : à Luxeuil comme à Besançon, comme partout, on pouvait prévoir qu'il ne saurait pas compter avec ses forces et qu'il oublierait ses besoins et ses périls pour se donner sans réserve à ses œuvres publiques et privées, aux soins de son diocèse, à ses audiences, aux offices publics de l'Eglise. Il résidait au Séminaire et il en suivait autant que possible le règlement, observant d'ailleurs le même genre de vie qu'à l'Archevêché quand il était en pleine santé. Toujours levé à cinq heures du matin, il disait la messe, prenait son bain, employait la plus grande partie de la matinée à travailler avec ses secrétaires, recevait toutes

les personnes qui désiraient lui parler, dînait, se remettait au travail dans l'après-midi, et ne négligeait pas de
rendre des visites, en ville et d'assister les jours de fête
à tous les offices.

Il présidait souvent les cérémonies et il y prenait la
parole. Il suivit la procession de l'Octave de la Fête-
Dieu, puis le 15 juin, jour où l'on célébrait le deu-
xième centenaire de l'apparition du Sacré-Cœur à la
bienheureuse Marguerite-Marie de la Visitation, il
monta en chaire, prononça la formule de consécration
à J.-C., et adressa à l'assistance une pieuse et paternelle
allocution. Une émotion pénible se mêla au sentiment
d'édification produit par cette démarche. La fatigue se
trahissait dans ses mouvements et sur ses traits ; la parole n'arrivait à ses lèvres qu'au prix de cruels efforts,
et beaucoup de ses auditeurs se demandèrent s'il pourrait achever le discours commencé.

Déjà en effet, la santé du Prélat avait reçu de funestes
atteintes. Un refroidissement survenu à la suite des
bains avait amené une bronchite et un embarras de la
poitrine. Dans la nuit du 12 au 13, des symptômes
alarmants avaient éclaté et avaient fait craindre une
suffocation. Cependant les douches et les bains conti-
nuèrent. Mais à la suite de la cérémonie du 15, l'état
de fatigue du malade prit un tel caractère qu'il fallut
abandonner le traitement.

Le Cardinal reprit la route de Besançon : en passant,
il s'arrêta à Rioz. Le curé, chez lequel il descendit, fut
un de ceux qui vinrent le voir quelques jours plus
tard, lorsque sa fin approchait. Il était encore sous le
charme de cette affabilité gracieuse qu'il avait su té-
moigner à tous malgré ses souffrances.

Une lettre de Mgr Mathieu, datée de Rioz le 22 juin,
résume son état en termes concis et expressifs, selon
son habitude : — « J'avais d'abord pris vaillamment
« douches et bains ; mais au bout de huit jours, la poi-
« trine s'est engorgée avec suffocation. Le docteur m'a
« fait interrompre, et me voici en retour sur Besançon,
« *Gros-Jean comme devant.* »

II.

**Retour à Besançon. — Caractères et développement de
la maladie. — La vie que menait Monseigneur Mathieu.**

Le Cardinal rentra à l'Archevêché le 22 juin. M. le
docteur Coutenot, son médecin ordinaire, jugea tout d'a-
bord son état assez alarmant pour se croire obligé de
prévenir sa famille. Une insomnie presque absolue,
une agitation inquiète, une grande gêne dans la respi-
ration, un certain trouble qui se manifestait parfois
dans les idées, semblaient dénoter l'existence d'une
affection organique. Le 25, dans une consultation à laquelle prirent part, avec M. Coutenot, MM. Druhen aîné
et Bruchon, il fut reconnu que le siége de la maladie
était au cœur, qui par suite de sa dilatation anormale,
ne se prêtait plus que d'une manière insuffisante au
renouvellement du sang et l'exposait à une décomposition progressive. En termes scientifiques, c'était « une
hypertrophie par insuffisance de la valvule mitrale. »

Le tempérament du malade ne paraissait pas comporter l'emploi des révulsifs plus ou moins énergiques ; les remèdes plus doux, les calmants, les purgatifs et diurétiques, furent seuls administrés. Au surplus, dès le début, les médecins ne se firent pas d'illusion sur le dénouement fatal qui se préparait, et n'hésitèrent que sur la durée à assigner à la maladie. Les progrès rapides du mal dépassèrent leurs plus tristes prévisions.

Rendons ici un juste hommage aux soins assidus et dévoués dont ils ont entouré le malade. Les médecins consultants revenaient très fréquemment assister leur confrère, et quant à M. Coutenot, le sentiment qu'il a toujours manifesté se rapprochait, on peut le dire, d'un attachement filial.

Le cardinal se soumit docilement aux prescriptions des médecins, quoique dans les premiers jours il n'aperçût pas le danger qui le menaçait. Ses conversations avec les personnes de son intimité, témoignaient de cette confiance dans une prochaine guérison : aucun de ses projets ne semblait changé, et il continuait à prendre ses dispositions comme s'il eût pu compter sur l'avenir. Ainsi il commanda à cette époque la confection d'un ornement d'église très-riche et très-complet pour sa chapelle épiscopale.

Lorsque ses illusions tombèrent, il ne se laissa pas davantage atteindre par l'effroi ou l'abattement. Il avait coutume de dire qu'il fallait « vivre comme si l'on « était toujours près de mourir, et agir comme si l'on « devait toujours vivre. » Il sembla prendre à tâche de mettre sa maxime en pratique jusqu'au bout, et nul ne lutta avec plus d'énergie pour rester fidèle jusqu'au

4

dernier soupir, aux occupations de sa vie, la prière, le travail et l'exercice de la charité.

Dès la fin de juin cependant, la maladie l'avait jeté dans un état profondément pénible et dont tout autre eût été accablé. Ses nuits n'étaient pas un repos, mais un véritable supplice, car, par suite de l'oppression et du malaise général dont il souffrait, il essayait en vain de garder le lit. Cent fois il se couchait avec l'assistance de la personne qui veillait près de lui, cent fois il se dressait vivement sur ses jambes, et cherchait dans tous les coins de sa chambre, soit assis, soit debout et accoudé sur un meuble, une position qui lui permît de trouver un peu de sommeil.

Ces insomnies, jointes à la marche croissante du mal, provoquaient pendant la journée une somnolence toujours plus marquée. Une sorte de torpeur venait brusquement le saisir dans les moments où il aurait désiré davantage tenir son esprit en éveil. Quelquefois il faisait pour la dompter des efforts si énergiques que la sueur perlait sur son front.

A ces souffrances s'ajoutèrent promptement l'enflure des jambes et un commencement de décomposition qui dut être très-douloureux. Mais on ne l'entendit jamais se plaindre ; à peine lui arrivait-il quelquefois pendant la nuit, lorsque l'air manquait à sa poitrine haletante, de s'écrier, en agitant les bras : — C'est trop fort !... Toujours appliqué à la prière, au milieu de ce va-et-vient perpétuel qui remplaçait pour lui le sommeil, il ne rentrait jamais dans son lit sans avoir récité le *Pater* et l'*Ave Maria*. Souvent de vagues rêveries occupaient son cerveau, et il parlait comme un homme en délire : c'était ordinairement pour donner des instructions sur un travail imaginaire, sur une affaire d'administration pour laquelle il prescrivait un rapport.

Si l'on écarte les incidents de la maladie, et le trouble toujours plus profond qu'ils jetèrent dans son existence, voici comment se passèrent ses journées jusqu'à la fin de sa vie.

Il attachait le plus haut prix à la célébration de la messe, et s'il ne monta pas à l'autel la veille même de sa mort, nous verrons que ce fut par une sorte de surprise ménagée à dessein pour l'en empêcher. Comme la privation de sommeil et le besoin des médicaments ne lui permettaient pas de supporter longtemps après minuit le jeûne sacramentel, c'était avant le lever du jour, dès trois heures du matin, qu'il se faisait habiller et conduire à sa chapelle. Un prêtre de sa maison l'assistait toujours, depuis qu'on avait reconnu que son état d'accablement pouvait l'exposer à de graves oublis dans les prières et les actes du sacrifice. La cérémonie terminée, il faisait son action de grâces assis sur une chaise. Presque aussitôt sa tête tombait de lassitude. Son valet de chambre l'éveillait et l'aidait à se rendre à la salle à manger, où on lui servait son premier déjeuner (il a conservé jusqu'à la fin un appétit surprenant) ; il se couchait, et essayait de prendre quelque repos jusqu'à l'heure de l'arrivée des dépêches et correspondances de la journée. Alors il appelait ses secrétaires et faisait effort pour travailler avec eux et leur dicter des lettres. Souvent la fatigue et la somnolence l'arrêtaient brusquement : que de fois aussi l'on avait à admirer la lucidité et la vigueur d'esprit qu'il manifestait encore !

Les repas revenaient à midi et à sept heures du soir : il ne cessa que dans la soirée même qui précéda sa mort de venir s'asseoir à la table où il avait toujours su s'entourer soit de ses parents, soit d'une famille d'amis tels que MM. les chanoines Bourgoin et Besson et M. l'abbé Bailly, directeur de la Maîtrise, qui étaient en dernier lieu les compagnons de sa vie. M. Besson se trouvait alors retenu loin de Besançon par des circonstances impérieuses.

Là encore, au milieu de symptômes toujours plus menaçants, que d'efforts pour conserver sa bonne grâce et son affabilité ! Quels éclairs de mémoire et de vivacité d'esprit dans la conversation où le Cardinal plaçait à certains moments, un de ses souvenirs d'autrefois dont il était si riche, et qu'il racontait si bien ! Les convives étaient stupéfaits et se demandaient s'ils avaient bien devant eux un moribond déjà muni des derniers sacrements et ayant dans toute la vérité de l'expression un pied dans la tombe.

L'après-midi était particulièrement consacrée aux réceptions, autant du moins que l'abattement du malade pouvait les permettre. Les visites étaient nombreuses, car bien des personnes avaient à cœur de recueillir encore une parole des lèvres du prélat tendrement vénéré, d'emporter avec sa dernière bénédiction un précieux souvenir et un gage de protection céleste. Les évêques de Dijon, de Langres, de Saint-Dié lui apportaient le témoignage de l'affection la mieux éprouvée. Dans la ville et dans le diocèse, depuis les fonctionnaires les plus élevés jusqu'aux plus humbles religieuses et aux indigents, l'empressement était universel soit pour s'approcher de lui s'il était possible, soit pour obtenir des nouvelles de son état et lui faire savoir l'intérêt qu'il excitait.

Après le souper, le Cardinal rentrait dans sa chambre : c'était l'heure où il récitait la prière en commun au milieu des personnes de sa maison et des domestiques. Ici encore, il déploya une persévérance héroïque pour rester fidèle à une coutume qui lui était justement chère. Il faut bien reconnaître que dans les derniers jours, cette pratique était presque réduite à une vaine apparence, tant les paroles de la prière se répétaient confusément sur ses lèvres, ou bien se dérobaient sous l'action d'une fatigue incessante. Mais c'était, comme le reste, l'effort d'une grande âme qui veut constamment rester maîtresse du corps qu'elle anime et employer jusqu'à son dernier souffle à bénir Dieu et à édifier les siens.

III.

Monseigneur Mathieu reçoit l'Extrême-Onction.

Le mercredi 30 juin, à la suite d'une conférence entre les médecins et les vicaires généraux, il fut reconnu que la maladie présentait un danger de mort très prochain et qu'il convenait d'administrer au Cardinal les derniers sacrements. M. Perrin, vicaire général, accepta la délicate mission d'en informer le Prélat. Son Eminence reçut cette communication avec un cœur ferme et résigné, bien qu'à ce moment, ses illusions sur le péril qui le menaçait ne fussent pas dissipées. Il fut arrêté que la cérémonie de l'Extrême-Onction aurait lieu le jour même, vers 4 heures du soir, à l'issue des vêpres du chapitre.

Dans l'intervalle, plusieurs des personnes qui vivaient près de lui firent observer que cette détermination était bien prompte; que le son des cloches annonçant l'agonie jetterait prématurément l'effroi dans la ville; que le temps manquerait pour convoquer les ecclésiastiques dont la présence était à désirer; qu'il fallait au moins ajourner la chose au lendemain. On alla soumettre ces observations au Cardinal, qui fit bien voir alors que le déclin des forces physiques n'avait point ébranlé chez lui la volonté. A la proposition d'ajournement il répondit avec vivacité : — « Non, non, « ce que j'ai décidé une fois est bien décidé. La chose « est entendue, j'ai fait ma préparation spirituelle; ce « sera à 4 heures aujourd'hui comme il a été convenu. » — Et il donna ses ordres pour que tout fût disposé en conséquence, poussant l'attention jusqu'à remettre à son valet de chambre une pièce d'or pour servir aux honoraires de ceux qui devaient concourir à l'administration du sacrement.

L'heure étant arrivée, la cloche de la métropole Saint-Jean commença à tinter le glas de l'agonie et le clergé sortit en procession par la porte principale de l'église, suivi de M. le vicaire général Perrin, qui portait le Saint-Sacrement sous le dais. Des laïques en assez grand nombre fermaient la marche. On passa sous l'ancienne porte Romaine appelée Porte Noire, et on entra dans le jardin puis dans la cour de l'Archevêché servant à la Maîtrise. Au fond de la cour, à l'entrée de la salle à manger, le Cardinal attendait debout, un cierge à la main, revêtu de son rochet et de son camail rouge. Il s'inclina devant le St-Sacrement et l'accompagna dans sa chambre, où il se plaça d'abord dans son fauteuil pour présenter ses membres aux onctions sacrées, puis sur son prie-Dieu pour recevoir le Saint-Viatique et l'application de l'indulgence de la bonne mort.

Deux fois M. Perrin, dont la voix tremblait d'émotion, lui adressa de pathétiques exhortations où pour exciter sa résignation et son courage il lui représentait le spectacle édifiant qu'il donnait à son troupeau, les consolations que lui apportaient les sacrements, les récompenses réservées à sa longue carrière de chrétien et d'apôtre. Deux fois aussi le Cardinal prit la parole d'un ton ferme et pénétrant. D'abord, au début de la cérémonie il fit une touchante profession de foi :

« Je saisis cette occasion, dit-il, pour protester publiquement de mon attachement à l'Eglise catholique romaine, à N. S. P. le Pape, dont j'ai toujours été le fils obéissant et dévoué ; à l'église de Besançon que j'ai aimée d'une affection paternelle. Je demande pardon à tous ceux que j'ai pu offenser, et je pardonne à mon tour à tous ceux qui ont pu me faire de la peine. »

Après l'administration du Viatique, M. Perrin avait demandé au Prélat de bénir l'assemblée, et il avait donné à sa piété, aux mérites accumulés dans sa vie pastorale des louanges que la modestie de Mgr Mathieu voulut peut-être délicatement écarter dans les paroles suivantes :

« Vous me demandez ma bénédiction : je ne puis vous la donner dans une meilleure formule que celle dont l'Eglise même se sert pour nous bénir au nom de

J.-C. C'est dans la grandeur, la simplicité et l'humilité de cette formule que je vous bénis, que je bénis le clergé et les fidèles, et que je demande à être béni moi-même, m'inclinant humblement devant mon Seigneur et mon Maître. *Benedicat vos omnipotens Deus...* »

La chambre du malade et les pièces attenantes étaient remplies de personnes qui avaient voulu assister à un spectacle si rempli d'émotions et de salutaires enseignements. Bien des larmes coulèrent et l'on entendit à la fin éclater des sanglots. La chaleur était accablante. Le cardinal avait le front baigné de sueur : après les violents efforts auxquels il s'était soumis, ses forces l'abandonnaient. Il reposa un peu, et le soir il parut à la table commune pour le souper, toujours appliqué à surmonter sa fatigue.

La nuit fut un peu moins agitée que les précédentes : il ne sortit de sa chambre qu'à cinq heures du matin pour aller dire la messe. Quelques instants après, il prenait son premier repas à la salle à manger et il parlait à son neveu et à d'autres personnes avec un abandon où l'on retrouvait encore l'aimable enjouement qui lui était habituel :

« Si je n'avais consulté que mon *sensus intimus*, disait-il, je n'aurais pas demandé à être administré hier. Mais mon confesseur et les médecins ayant parlé, je devais me soumettre. »

Puis, comme sujet de comparaison avec sa situation, il rappelait ce qui s'était passé à l'égard de Mgr de Tournefort, évêque de Limoges, sous Louis-Philippe. Ce prélat, atteint d'une maladie déclarée mortelle, avait consenti aussi à recevoir les derniers sacrements, quoiqu'il fût encore en état de marcher. Il fit réunir les élèves

de son grand Séminaire dans la chapelle de la maison, s'y rendit lui-même avec le prêtre chargé de l'administrer, adressa une longue allocution aux sémina-
ristes, et se tournant enfin vers l'ecclésiastique, lui dit :
— Maintenant, monsieur l'abbé, je suis à votre disposi-
tion.

Ce récit dans la bouche du cardinal Mathieu en de
telles circonstances, fera suffisamment juger de son
égalité d'âme, disons mieux, du calme de sa conscience.

IV.

**Premières journées de juillet. — Paroles du Cardinal. —
Visites de plusieurs évêques et de sa famille.**

Les journées du 1er, du 2 et du 3 juillet ne présen-
tèrent pas d'incident notable dans la situation. Les
progrès du mal continuaient d'une manière visible,
l'oppression de la poitrine, l'agitation douloureuse de
la nuit, la somnolence de la journée, le trouble momen-
tané dans les idées, tous ces symptômes redoutables ne
faisaient que s'aggraver. Mais le patient luttait toujours,
et bien souvent il se produisait dans cet horizon assom-
bri des éclaircies inattendues qui pouvaient faire croire
que la nuit ne commençait pas encore. Ainsi le 2, le
Cardinal dicta à ses secrétaires, sur des objets d'administration, plusieurs lettres qui attestaient qu'il était
pleinement maître de lui-même. Le 3, au souper, il se
plaisait à exposer ses projets pour la fondation d'une

5

Faculté catholique d'Enseignement Supérieur à Besançon : son intention disait-il, était de commencer les cours dans les salles du Collége tenu par les P. P. Eudistes : — Il faudra trouver de bons professeurs, lui fit observer l'un de ses interlocuteurs. — Si j'en trouve de bons, j'en prendrai de bons ; si je n'en ai que de médiocres, je me servirai des médiocres, et s'il n'y a que de mauvais j'emploierai même les mauvais. L'essentiel est de commencer.

Dans un autre moment on parla de Mgr l'évêque de Dijon et du bien qu'il avait opéré dans son diocèse : — « Pour son clergé seulement, dit le cardinal, il a réédifié le séminaire moral et le séminaire matériel. » — Il faisait ainsi allusion à la double restauration que Mgr de Dijon a heureusement accomplie dans cette maison : d'une part il a confié l'enseignement à la Congrégation de St-Sulpice, et a obtenu ainsi l'accroissement du nombre des élèves ; d'autre part il a élevé avec le concours de l'Etat, de vastes et grandioses bâtiments pour les recevoir.

Le dimanche 4, jour où l'on célébrait la fête de St-Pierre, il dit la messe dans sa chapelle à trois heures et demie du matin, et il sembla que l'accomplissement des fonctions sacrées lui avait demandé de moins pénibles efforts que les jours précédents. A 10 heures, pendant que l'on chantait la grand'messe à la cathédrale, il se fit apporter un fauteuil devant la porte du vestibule qu'on laissa ouverte. Là, n'étant séparé de l'église que par la largeur de la cour, il suivait au moins de l'oreille les chants liturgiques.

Dans l'après-midi il reçut la visite du duc d'Aumale, commandant du corps d'armée de Besançon. L'entretien

dura vingt minutes, et fut empreint de la même liberté d'esprit et de la même aménité de manières de la
part du Prélat que s'il avait joui d'une excellente santé.
Le prince, qu'il reconduisit jusqu'à la porte de l'anti-
chambre, en manifestait son étonnement et en tirait
un augure favorable pour la prolongation de l'existence du malade.

Mais ce n'était là qu'une apparence d'amélioration
due aux efforts d'une volonté servie par un tempérament difficile à abattre. Le soir même, les symptômes
alarmants reprenaient le dessus : l'appétit diminuait,
un écoulement commençait à la jambe droite, et la pros-
tration des forces était très-sensible au souper et à la
prière commune.

Le lundi 5 fut marqué par l'arrivée de Mgr l'évêque
de Dijon. L'entrevue entre les deux prélats, unis par les
liens de la plus ancienne amitié, fut extrêmement touchante. Mgr de Dijon, sans se faire d'illusion sur le dénouement qui approchait, trouva cependant l'état du
malade moins grave qu'il ne l'avait imaginé : en effet,
dans ses entretiens avec ceux qui venaient le trouver,
le Cardinal semblait toujours maître de sa parole et de
sa pensée. Les vicaires généraux furent invités au souper pour faire honneur au prélat, devenu l'hôte de l'Archevêché; le Cardinal vint comme toujours, présider le
repas.

Le lendemain, un accident grave se produisit après
le dîner. Mgr Mathieu eut une défaillance prolongée qui
fit croire à plusieurs personnes que le dernier moment
était arrivé. Déjà même un des vicaires généraux voulait faire annoncer l'agonie par le son des cloches. L'emploi des sels et une large application de sinapismes

rappelèrent le sentiment. En se réveillant le malade semblait encore en proie à un mauvais rêve ; il ne pouvait se rendre compte du motif de l'empressement de tant de personnes accourues autour de lui, et en demandait la cause d'un air étonné.

Ce trouble dans les idées se dissipa bientôt: l'on put même croire que la réaction amenée par les sinapismes et la plaie ouverte à la jambe avaient rendu la tête plus libre et plus dégagée.

Des circonstances impérieuses ne permirent pas à tous les proches parents du Cardinal de venir l'assister dans sa dernière maladie. Sa belle-sœur, veuve du contre-amiral Mathieu, et la seconde de ses nièces, Mme Roullet, se trouvaient ensemble dans le Nord. La première était dans l'impossibilité de voyager à cause de son état de santé : l'autre ne pouvait se dérober aux soins que réclamait son dernier enfant en bas âge. Son mari, commandant de hussards, tenait garnison en Afrique. M. Condaminas, comme lui, neveu par alliance du Prélat, et conseiller à la Cour de Dijon, représentait seul jusqu'ici sa famille à l'Archevêché.

Mme Condaminas vint se joindre à son mari dans cette journée du 6 juillet. Déjà frappée peu d'années auparavant dans ses affections maternelles, et destinée à subir une semblable douleur quelques semaines après la mort de Mgr Mathieu, elle avait encore à ce moment deux enfants des plus gracieux et des plus intelligents qu'on pût voir : une petite fille de dix ans, un petit garçon de huit ans. Elle les amenait avec elle afin que leur grand-oncle les bénît une dernière fois.

Leur vue fit passer comme un rayon de joie sur les

traits fatigués du malade ; d'ailleurs, il avait toujours les bras ouverts et le visage épanoui pour accueillir la visite des membres de sa famille. Les enfants s'age-nouillèrent et il traça le signe de la croix sur leurs fronts en appelant sur eux, avec l'énergie pressante d'une invocation suprême, d'abord les bénédictions de la terre qui échappent si souvent à nos plus flatteuses espé-rances, puis et surtout les bénédictions du ciel, qui ne manquent jamais à notre bonne volonté.

Le jour suivant, Mgr l'évêque de Dijon se chargea de reconduire dans cette ville les deux enfants qui devaient pour quelque temps être séparés de leurs parents afin de n'avoir pas à subir des spectacles trop douloureux pour leur âge. Le Cardinal était assoupi au moment où ils montèrent en voiture pour se rendre à la gare ; se ré-veillant alors et apprenant qu'ils partaient, il s'em-pressa de les rappeler encore une fois pour leur don-ner un dernier regard et un dernier adieu.

La commotion produite par l'accident du 6 avait fait tomber les illusions qu'il pouvait encore conserver sur l'extrême gravité de sa maladie. Il comprit que la mort était devant lui ; mais il n'en fut pas troublé. Dans un entretien avec sa nièce et son mari, il les remerciait de *ses charités* pour lui, et comme ceux-ci lui faisaient remarquer qu'il avait un rare privilége dans sa maladie, c'était de pouvoir dire la messe tous les jours : — « Je suis, repartit le Cardinal, un bien petit *diseur de messes ;* mais je remercie Dieu de me laisser encore cette conso-lation. »

Les visites se succédaient toujours près du lit ou du fauteuil qu'il occupait tour à tour. Un ecclésiastique qu'il connaissait particulièrement, le curé de L... dans le Doubs, lui parla des prières qui se faisaient de toutes parts pour obtenir le rétablissement de sa santé et la prolongation d'une vie si nécessaire à l'Eglise. — Hélas ! lui répondit-il en souriant, il n'y a pas d'hommes nécessaires en ce monde, ni le cardinal de Besançon, ni même le curé de L...

Mgr Guerrin, évêque de Langres, qui se trouvait alors à Besançon dans sa famille, était venu plusieurs fois entretenir et consoler le prélat dont il avait été jadis le vicaire général. Mgr Caverot, évêque de Saint-Dié, arriva le 7 juillet ; il fut attéré des signes d'affaissement physique et moral qu'il observa chez celui à qui il avait voué depuis sa jeunesse une affection et une admiration profondes. Mais il disait que la délicatesse et la grandeur du sentiment se montraient toujours, et que ce serait la dernière flamme qui s'éteindrait en lui.

V.

Derniers incidents. — Mort de Monseigneur Mathieu.

Différentes personnes s'étaient concertées pour veiller la nuit près du malade. Il réclamait à tout instant les soins de son valet de chambre Eléosippe, en qui il trouvait à la fois la dextérité d'un infirmier et l'assiduité d'un domestique de confiance. Cependant pour ménager à ce serviteur dévoué un repos indispensable, on avait obtenu du Cardinal que la première garde de la nuit, de neuf heures du soir à deux ou trois heures du matin, serait fournie par des personnes de sa famille ou par quelques-uns des ecclésiastiques qui vivaient le plus près de lui. Vers trois heures du matin, Eléosippe reprenait sa place et le plus ordinairement était appelé sur le champ à habiller son maître pour la messe qu'il allait célébrer à sa chapelle.

Dans la première partie de la nuit du 7 au 8 juillet, le soin de veiller échut au neveu du Cardinal et à l'un de ses jeunes secrétaires, qui remarquant l'accablement extrême du malade, jugèrent qu'il lui serait absolument impossible de dire la messe le matin, et en conséquence ne craignirent pas de lui présenter à boire même après minuit, lui faisant ainsi rompre le jeûne sacramentel. Mgr Mathieu, absorbé par son état de souffrance, ne s'en aperçut pas d'abord ; mais au moment où ses pre-miers gardiens allaient le quitter, il manifesta, comme à l'ordinaire, l'intention de se faire habiller pour dire la messe. En apprenant qu'il ne se trouvait plus dans les dispositions exigées par les règles de l'Eglise, il éprouva une vive contrariété. — « Qu'on ne me donne plus ce désagrément une autre fois ! s'écria-t-il. »

Or, ce jour devait être le dernier de sa vie, et en présence de l'épuisement de ses forces et de la plaie douloureuse de sa jambe, le désir de monter à l'autel avait quelque chose d'héroïque. Pour satisfaire autant que possible sa piété, on le conduisit à sa chapelle où M. le chanoine Bourgoin célébra la messe et lui donna la communion en viatique.

Dans la matinée, une précieuse consolation lui fut apportée ; c'était un message du Souverain Pontife. Pie IX connaissait déjà la maladie de Mgr Mathieu, et ayant reçu à son audience à cette époque un ecclésiastique de Besançon, il l'avait chargé de lui porter l'expression de ses vœux et de son affection paternelle. Informé ensuite par dépêche télégraphique du danger pressant où se trouvait le malade, il s'empressa de lui faire parvenir par la même voie, le témoignage de sa douleur avec sa bénédiction particulière. Le Cardinal la reçut avec les sentiments d'une pieuse reconnaissance.

Mais déjà ses moments étaient comptés. On voyait que la vie se retirait et qu'une torpeur léthargique ne lui laissait presque plus de répit. Cependant il s'assit encore à la table conmune pour le dîner, et dans l'après-midi il donna des audiences, notamment aux directeurs du Grand-Séminaire et au général Tripard, commandant la cavalerie à Dijon. Le général, tout en remarquant chez lui les symptômes d'une fin prochaine, se retira touché de l'amabilité de son accueil et de la présence d'esprit avec laquelle il lui avait parlé de tous les membres de sa famille.

Vers six heures, une défaillance se produisit ; elle fut plus menaçante encore que celle du 6, mais les révulsifs et les soins des Sœurs hospitalières qui étaient présentes écartèrent de nouveau le danger pour quelques instants. Le malade reprit ses sens ; à ce moment M. le docteur Coutenot, qui ne quittait presque plus l'archevêché, entr'ouvrit la porte de sa chambre. Mgr Mathieu, auquel on remettait ses vêtements, s'écria vivement : — « Un petit moment, un petit moment! » — Ce sont peut-être les dernières paroles qu'il ait prononcées. Il retomba peu d'instants après dans le pesant sommeil dont il ne devait plus se réveiller ici-bas.

M. Coutenot eut la pensée de lui organiser une espèce de lit de repos où il pourrait passer la nuit à demi étendu. Mais cet expédient fut impossible à appliquer et on dut laisser le malade dans le vieux fauteuil où il s'était assis tant de fois pour causer, pour se reposer, pour souffrir.

Des ecclésiastiques et des religieuses restèrent près de lui. L'agonie commença bientôt, si l'on peut appeler de ce nom un état où la plainte n'existe plus et où le dernier déclin de la vie s'accuse uniquement par les signes extérieurs que l'on observe de l'œil ou de la main. Il sembla donc que Dieu avait voulu lui épargner les angoisses des dernières luttes où se déchirent les liens de l'existence terrestre. Le sommeil éternel commença pour lui avant la mort, et l'on ne s'aperçut de son passage dans l'autre vie que parce que le pouls avait cessé de battre.

C'était le vendredi 9 juillet, à six heures du matin : on récitait pour la seconde fois près du mourant les prières des agonisants. Toutes les personnes qui habitaient l'archevêché étaient réunies dans la chambre mortuaire : parents, domestiques, vicaires généraux, chanoines, professeurs de la Maîtrise et membres du Secrétariat assistèrent à l'évènement suprême. Le curé de la cathédrale et le docteur Coutenot étaient aussi parmi les témoins de cette douce et sainte mort.

Les cloches de Saint-Jean sonnèrent le glas funèbre, et en un instant la triste nouvelle se répandit dans toute la ville. Alors commença le concours empressé de personnes de tous les rangs de la population qui vinrent apporter au défunt le secours de leurs prières et le témoignage de leur vénération. Le corps, revêtu des habits pontificaux, fut exposé d'abord dans les appartements du Cardinal, le 9, et ensuite dans la salle synodale après l'embaumement, le 12, le 13 et le 14.

On y accourait comme au tombeau d'un père, on s'y livrait à des démonstrations de dévotion et de confiance comme devant les reliques d'un saint. Il n'était personne qui ne voulût faire toucher quelque objet de piété à la dépouille mortelle du Pontife vénéré, pour le conserver comme un souvenir tutélaire : les mères apportaient leurs petits enfants sous la main qui avait tant de fois béni le troupeau fidèle.

On peut affirmer que la population de la ville tout entière et d'une grande partie du diocèse traversa la chapelle funéraire pendant ces trois jours et qu'elle y parut attirée bien moins par le sentiment de la curiosité que par celui d'une religieuse douleur. Ces manifestations si glorieuses pour la mémoire du Cardinal, eurent leur couronnement le 15 juillet dans la cérémonie des obsèques, qui ressemblèrent à un triomphe. Ce n'est pas ici le lieu de les décrire : le récit en a été inséré dans les journaux du temps, et conservé à la suite de l'oraison funèbre prononcée par Mgr Besson.

Ce qui leur a donné un admirable éclat, ce n'était pas seulement la présence de quinze évêques, d'un millier de prêtres, d'un prince d'Orléans commandant le cortège militaire, de délégués du gouvernement, de députés, de personnages considérables, de fonctionnaires de tout ordre et de tout rang marchant à la suite du cercueil ; c'était cette immense population qui se mêlait au convoi funèbre ou qui se pressait dans les rues, aux fenêtres des maisons et jusque sur les toits pour voir passer encore une fois le *bon Cardinal*. Si elle montrait une avide curiosité pour ce spectacle imposant, elle savait conserver une attitude recueillie, témoignage des regrets et de l'affection unanimes.

Le trait dominant du caractère du cardinal Mathieu, à côté de son activité féconde, c'était la bonté, le dévouement envers tous. Aussi sa mémoire restera en bénédiction dans le diocèse. Et de même que sa courageuse et sainte mort a été le couronnement de sa noble vie, de même le spectacle de ses derniers moments aura mis le dernier sceau à la vénération religieuse dont il était entouré.

L'ANGE ET LE PONTIFE

POÉSIE (1)

Dans un pressant danger — triste et doux souvenir —
J'ai vu notre Pontife offrir le saint Mystère
Pour les jours d'un enfant. Dans l'ardente prière
Son âme s'élançait vers Dieu pour le fléchir.

Mais l'heure avait sonné. Rien ne put retenir
L'ange dont l'aile à peine avait touché la terre.
Le Pontife pleura; puis il dit à la mère :
— Il nous attend là haut : il va mieux nous chérir.

Trois ans sont écoulés. L'enfant vers lui s'avance :
— Viens, dit-il, près de moi trouver ta récompense;
C'est pour ta fête encor que je t'offre ces fleurs.

Le Prélat est parti pour prendre sa couronne.
Il semble que la vie ici nous abandonne...
Non, il nous voit toujours, il sourit à nos pleurs.

(1) Écrite à Besançon le jour des obsèques du Cardinal, pour rappeler la mort de son petit-neveu.

Dijon, imp. J. Marchand, rue Bassano, 12.